school - sekolo	2
reis - eta	5
transport - senamelwa	8
stad - toropo	10
landschap - lefelo la dithaba	14
restaurant - lebenkele la dijo	17
supermarkt - lebenkele la dihlare	20
drankjes - dino	22
eten - dijo	23
boerderij - polasa	27
huis - ntlo	31
woonkamer - phapoši ya go dula	33
keuken - boapeelo	35
badkamer - kamora ya go hlapela	38
kinderkamer - phapoši ya bana	42
kleding - diaparo	44
kantoor - ofisi	49
economie - ekonomi	51
beroepen - bodulo	53
werktuigen - didirišwa	56
muziekinstrumenten - didirišwa tša mmino	57
zoo - zuu	59
sporten - dipapadi	62
activiteiten - mediro	63
familie - lelapa	67
lichaam - mmele	68
ziekenhuis - sepetlele	72
noodgeval - tšhoganetšo	76
aarde - Lefase	77
klok - sešupanako	79
week - beke	80
jaar - ngwaga	81
vormen - dibopego	83
kleuren - mebala	84
tegengestelden - tša go fapana	85
cijfers - dinomoro	88
Talen - maleme	90
wie / wat / hoe - mang / eng / bjang	91
waar - kae	92

Impressum
Verlag: BABADADA GmbH, Nedderfeld 112 , 22529 Hamburg
Geschäftsführer / Verlagsleitung: Harald Hof
Druck: Books on Demand GmbH, In de Tarpen 42, 22848 Norderstedt

Imprint
Publisher: BABADADA GmbH, Nedderfeld 112 , 22529 Hamburg, Germany
Managing Director / Publishing direction: Harald Hof
Print: Books on Demand GmbH, In de Tarpen 42, 22848 Norderstedt

school

sekolo

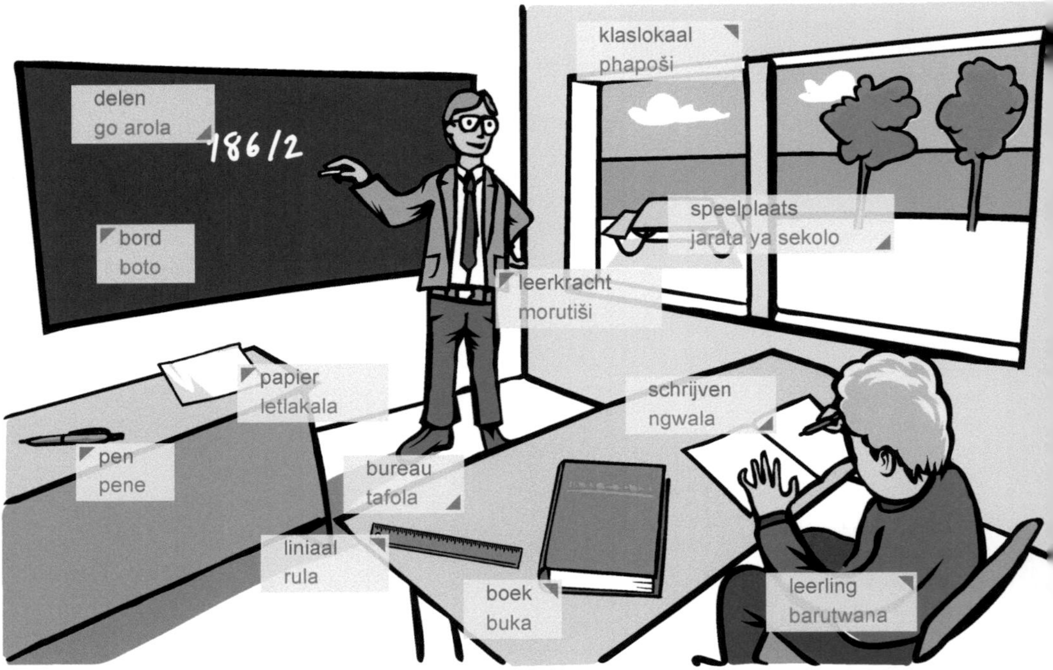
klaslokaal
phapoši
delen
go arola
186/2
bord
boto
speelplaats
jarata ya sekolo
leerkracht
morutiši
papier
letlakala
schrijven
ngwala
pen
pene
bureau
tafola
liniaal
rula
boek
buka
leerling
barutwana

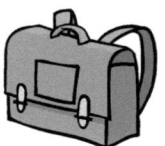

schooltas

peke

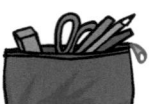

pennenzak

kheise ya phensele

potlood

phensele

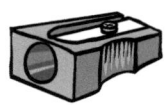

puntenslijper

motšhene wa go betla phensele

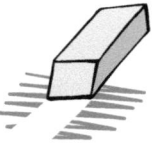

gom

rabhara

tekenblok

phede ya ho thala

tekening

go thala

verfborstel

borashe ya go penta

verfdoos

lepokisi la go penta

schaar

sekero

lijm

sekgomaretši

werkboek

puku ya go ngwala

huiswerk

mošomo wa gae

nummer

nomoro

2+2

optellen

tlatša

5-2

aftrekken

go ntšha

2×2

vermenigvuldigen

go atiša

rekenen

khalekhuleitha

A

letter

lengwalo

ABCDEFG
HIJKLMN
OPQRSTU
VWXYZ

alfabet

alefapete

woord

lentšu

tekst

mongolo

Lezen

bala

krijt

tšhoko

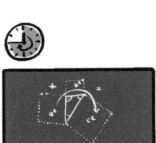

les

thuto

klassenboek

puku ya maina

examen

thuto

certificaat

setifikeite

schooluniform

diaparo tša sekolo

onderwijs

thuto

encyclopedie

encyclopedia

universiteit

yunibesithi

microscoop

maekrosekoupo

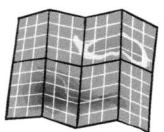

kaart

mmapa

papiermand

pasekete ya matlakala a
ditšhila

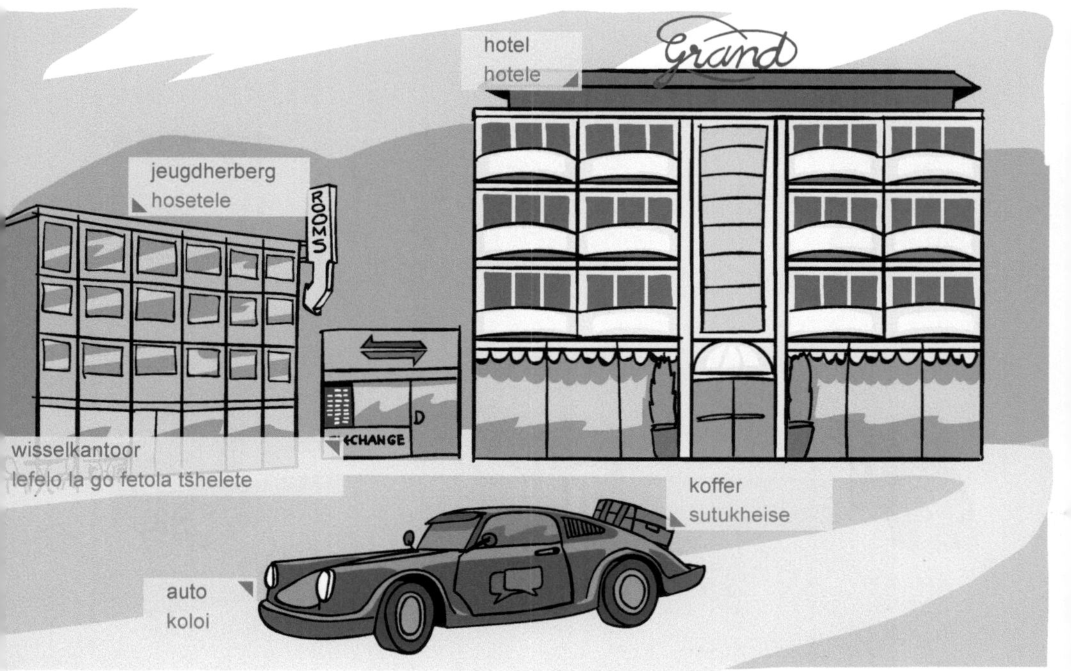

hotel
hotele
Grand
jeugdherberg
hosetele
ROOMS
CHANGE
wisselkantoor
lefelo la go fetola tšhelete
koffer
sutukheise
auto
koloi

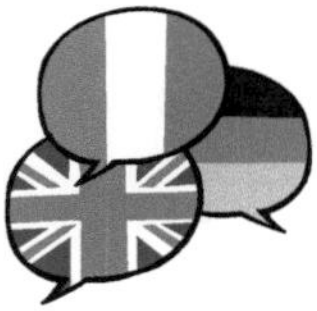

Taal

Leleme

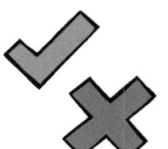

ja / nee

ee / aowa

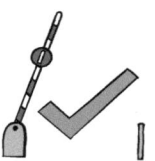

oké

Go lokile

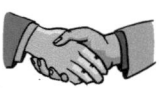

hallo

Dumela

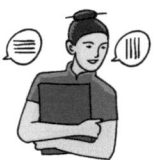

vertaler

mofetoledi

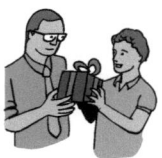

bedankt

Re a leboga

Hoeveel kost …?

… ke bokae?

Ik begrijp het niet

ga ke kwešiše

probleem

bothata

Goedenavond!

Thobela!

Goedemorgen!

Meso e mebotse!

Goedenavond!

Robala botse!

Tot ziens

šala gabotse

richting

keletšo ya tsela

bagage

peke

zak

peke

rugzak

mokotla wa dipuku

gast

moeng

kamer

phapoši

slaapzak

pekana ya go robala

tent

mokhukhu

toeristeninformatie

boitsebišo bja moeti

strand

lewatleng

kredietkaart

karata ya mokitlana

ontbijt

dijo tša mesong

lunch

matena

avondeten

dijo tša mantšiboa

ticket

thikethe

lift

lifithi

postzegel

setempe

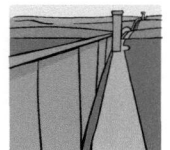

grens

border

douane

setlwaedi

ambassade

embassy

visum

visa

paspoort

phasepoto

transport
senamelwa

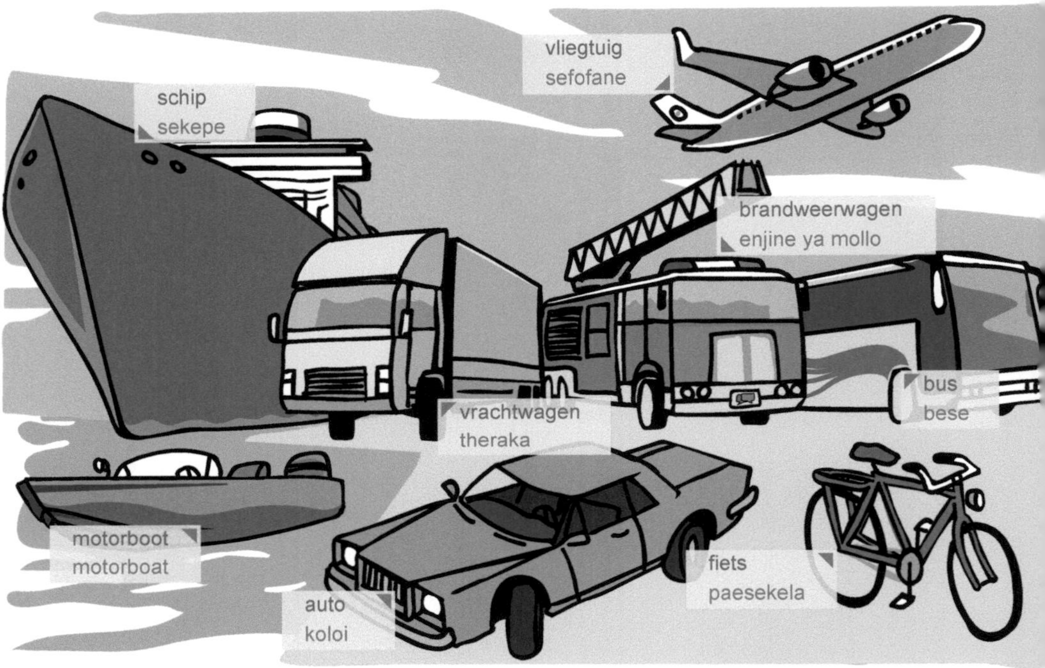

vliegtuig
sefofane
schip
sekepe
brandweerwagen
enjine ya mollo
bus
bese
vrachtwagen
theraka
motorboot
motorboat
fiets
paesekela
auto
koloi

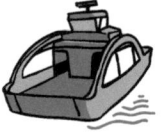

veerboot

feri

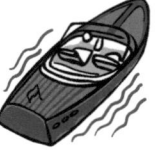

boot

sekepe

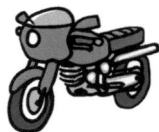

motor

sethuthuthu

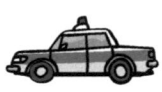

politiewagen

koloi ya maphodisa

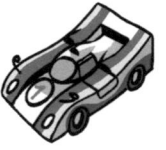

racewagen

koloi ya go šiašiana

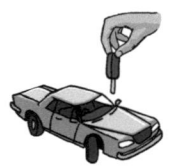

huurauto

koloi ya go rentišwa

carpoolen

go arogana koloi

sleepwagen

theraka ya go goga

vuilniswagen

theraka ya ditlakala

motor

mmotho

benzine

makhura

benzinestation

seteišene sa makhura

verkeersbord

leswao la therafiki

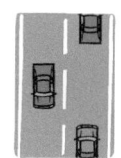

verkeer

therafiki

file

therafiki

parkeerplaats

lefelo la go phaka dikoloi

station

seteišene sa terene

sporen

tsela

trein

terene

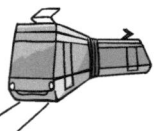

tram

theramo

wagon

koloi

helikopter
sefofane

luchthaven
boemafofane

toren
serokami

passagier
monamedi

container
seswari

karton
lepokisana

kar
khathe

mand
basket

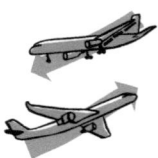

opstijgen / landen
go tloga / go kwatama

stad

toropo

dorp
motse

stadscentrum
bogareng bja toropo

huis
ntlo

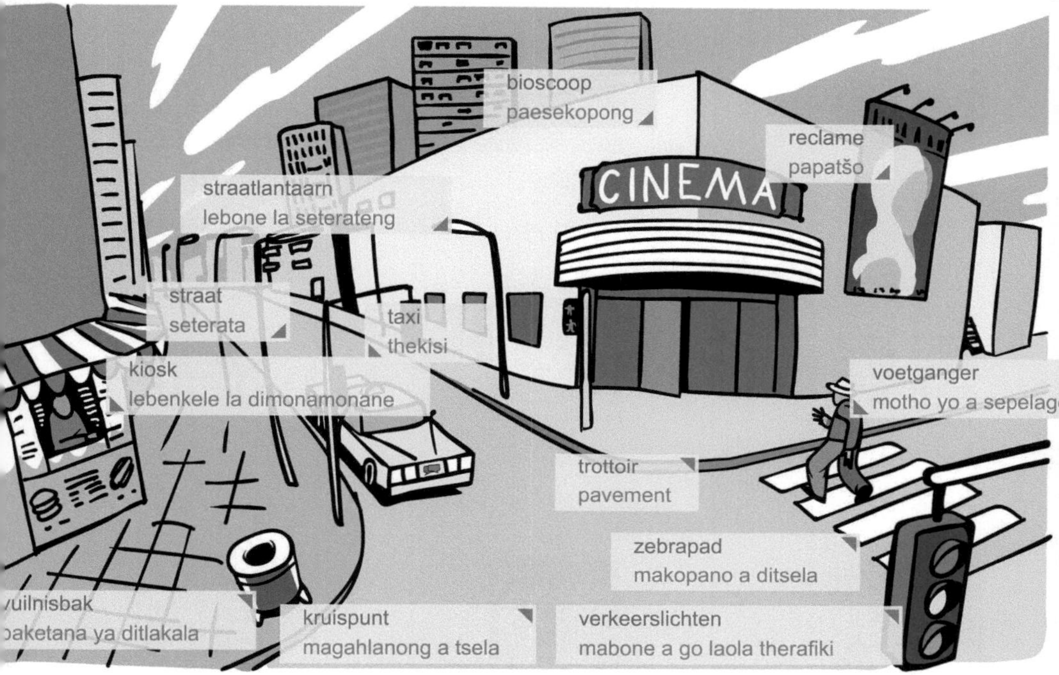

bioscoop
paesekopong

reclame
papatšo

straatlantaarn
lebone la seterateng

CINEMA

straat
seterata

taxi
thekisi

kiosk
lebenkele la dimonamonane

voetganger
motho yo a sepelago

trottoir
pavement

zebrapad
makopano a ditsela

vuilnisbak
paketana ya ditlakala

kruispunt
magahlanong a tsela

verkeerslichten
mabone a go laola therafiki

hut

mokutwana

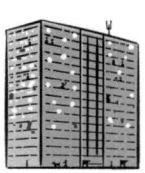

woning

folete

station

seteišene sa terene

stadshuis

holo ya toropong

museum

museamo

school

sekolo

universiteit

yunibesithi

bank

panka

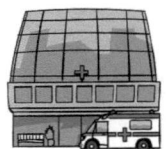

ziekenhuis

sepetlele

hotel

hotele

apotheek

lebenkele la dihlare

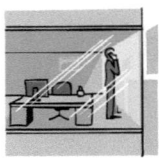

kantoor

ofisi

boekwinkel

lebenkele la dipuku

winkel

lebenkele la dijo

bloemenwinkel

lebenkele la matšoba

supermarkt

lebenkele la dihlare

markt

mmakete

warenhuis

lebenkele la dilo tše dintši

vishandelaar

fishmonger's

winkelcentrum

lefelo la mabenkele

haven

boemakepe

park

phaka

bank

bench

brug

leporogo

trap

ditepisi

metro

ka tlase

tunnel

thanele

bushalte

boemela pese

bar

bar

restaurant

lebenkele la dijo

brievenbus

lepokisi la poso

straatnaambord

leswao la seterata

parkeermeter

mithara wa go phaka koloi

zoo

zuu

zwembad

letamo la go rutha

moskee

lefelo la mamoseleme

boerderij

polasa

milieuverontreiniging

tšhilafalo

kerkhof

mabitla

kerk

kereke

speelplaats

lefelo la go bapala

tempel

tempele

landschap
lefelo la dithaba

blad
letlakala

wegwijzer
leswao la tsela

weg
tsela

weide
lefelo kgauswi le noka

steen
letlapa

boom
mohlare

wandelaar
mophara thaba

rivier
noka

gras
bjang

bloem
letšoba

vallei

tsela

heuvel

thaba

meer

letangwana la meetsi

bos

sethokgwa

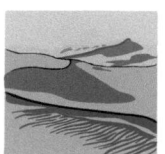

woestijn

leganata

vulkaan

thabamollo

kasteel

ntlo e kgolo

regenboog

molalatladi

paddenstoel

mushroom

palmboom

palm tree

mug

monang

vlieg

fofa

mier

ditšhošwane

bijl

nosi

spin

segokgo

kever

khunkhwane

kikker

segwagwa

eekhoorn

squirrel

egel

noko

haas

mmutla

uil

leribiši

vogel

nonyana

zwaan

mogolodi

wild zwijn

kolobe ya naga

hert

phuthi

eland

phuthi

dam

letamo

windturbine

wind turbine

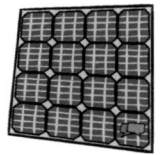

zonnepaneel

phanele ya solar

klimaat

leratadima

restaurant

lebenkele la dijo

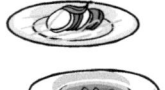

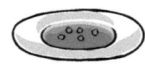

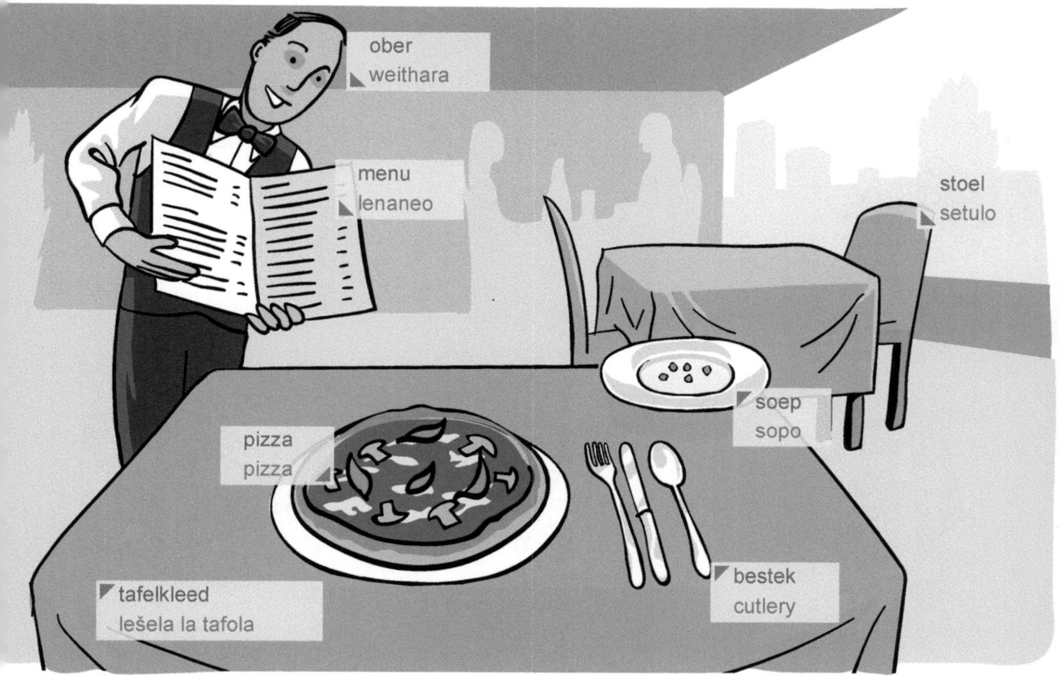

ober
weithara
menu
lenaneo
stoel
setulo
soep
sopo
pizza
pizza
bestek
cutlery
tafelkleed
lešela la tafola

voorgerecht

dijo tša mathomo

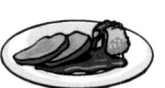

hoofdgerecht

dijo

nagerecht

dimonamonane

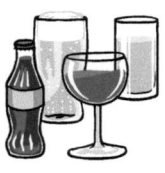

drankjes

dino

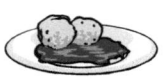

eten

dijo

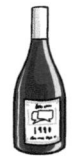

fles

lepotlelo la ngwana

fastfood

fastfood

street food

dijo tša seterateng

theepot

ketlele ya tea

suikerpot

poleitana swikiri

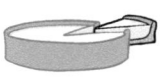

portie

karolo

espressomachine

motšhene wa espresso

kinderstoel

setulo sa godimo

rekening

tefo

dienblad

therei

mes

thipa

vork

foroko

lepel

lelepola

theelepel

lelepola

serviette

lešela la go iphomola

glas

galase

bord
poleite

soepbord
poleite ya sopo

schoteltje
sosara

saus
moroto

zoutvatje
poto ya letswai

pepermolen
sešila phepha

azijn
vinegar

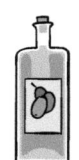

olie
makhura

kruiden
sepaese

ketchup
tamatisoso

mosterd
masetete

mayonaise
mayonnaise

supermarkt
lebenkele la dihlare

aanbieding
dithekišo tša tlase
klant
moreki
FOR
zuivelproducten
dijo tša go ba le maswi
fruit
dikenywa
winkelwagen
teroli

BUTCHERS

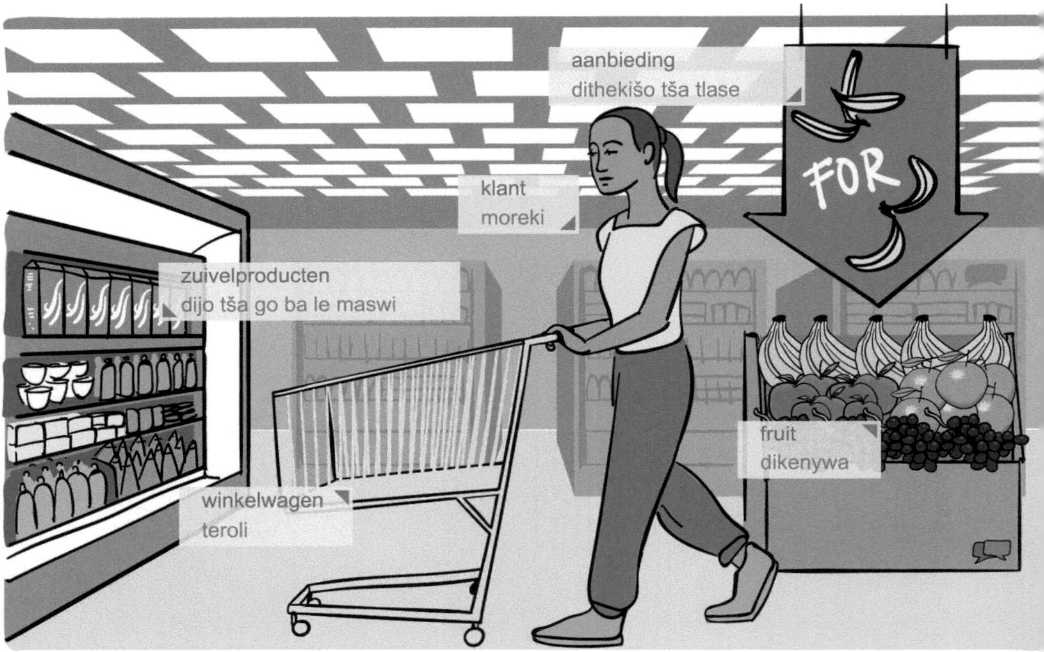

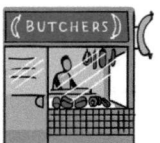

slagerij

selaga

BAKERY

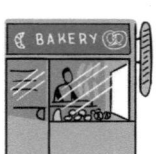

bakkerij

moapei wa dikuku

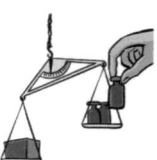

wegen

kala

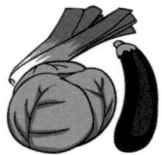

groenten

merogo

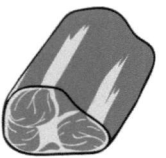

vlees

nama

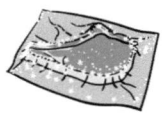

diepvriesvoedsel

dijo tše gahlišitšwego

charcuterie

nama ya go tonya

conserven

tinned food

waspoeder

sešepi sa go hlatswa

snoep

dimonamonane

huishoudproducten

dilo tša ka ntlong

schoonmaakproducten

didirišwa tša go hlwekiša

verkoopster

morekiši

kassa

till

kassier

morekiši

boodschappenlijstje

enaneo la tše rekišwago

openingstijden

diiri tša go bula

portefeuille

sepatšhe

kredietkaart

karata ya mokitlana

tas

peke

plastieken zakje

peke ya polasetiki

water
meetsi

sap
Juice

melk
maswi

cola
coke

wijn
beine

bier
bhiri

alcohol
bjala

cacao
cocoa

thee
tea

koffie
kofi

espresso
espresso

cappuccino
cappuccino

banaan

banana

appel

apola

sinaasappel

namome

meloen

melon

citroen

namone

wortel

carrot

knoflook

garlic

bamboe

bamboo

ajuin

keiye

champignon

mushroom

noten

ditokomane

noodles

noodles

spaghetti

spaghetti

rijst

raese

salade

salate

frieten

ditšhipisi

gebakken aardappelen

matapola a gadikilwego

pizza

pizza

hamburger

hambeka

sandwich

sandwich

kalfslapje

cutlet

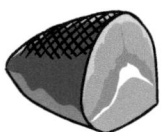

ham

ham

salami

salami

worst

sausage

kip

kgogo

braden

gadika

vis

hlaphi

havervlokken

bogobe bja oats

muesli

muesli

cornflakes

cornflakes

bloem

folouro

croissant

croissant

pistolet

dipanse

brood

borotho

toast

toaster

koekjes

dipisikiti

boter

botoro

kwark

curd

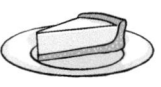

taart

kuku

ei

lee

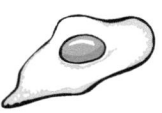

spiegelei

lee le gadikilwego

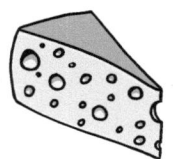

kaas

tshese

ijs

ice cream

suiker

swikiri

honing

todi ya dinosi

confituur

jeme

choco

chocolate spread

curry

curry

boerderij
polasa

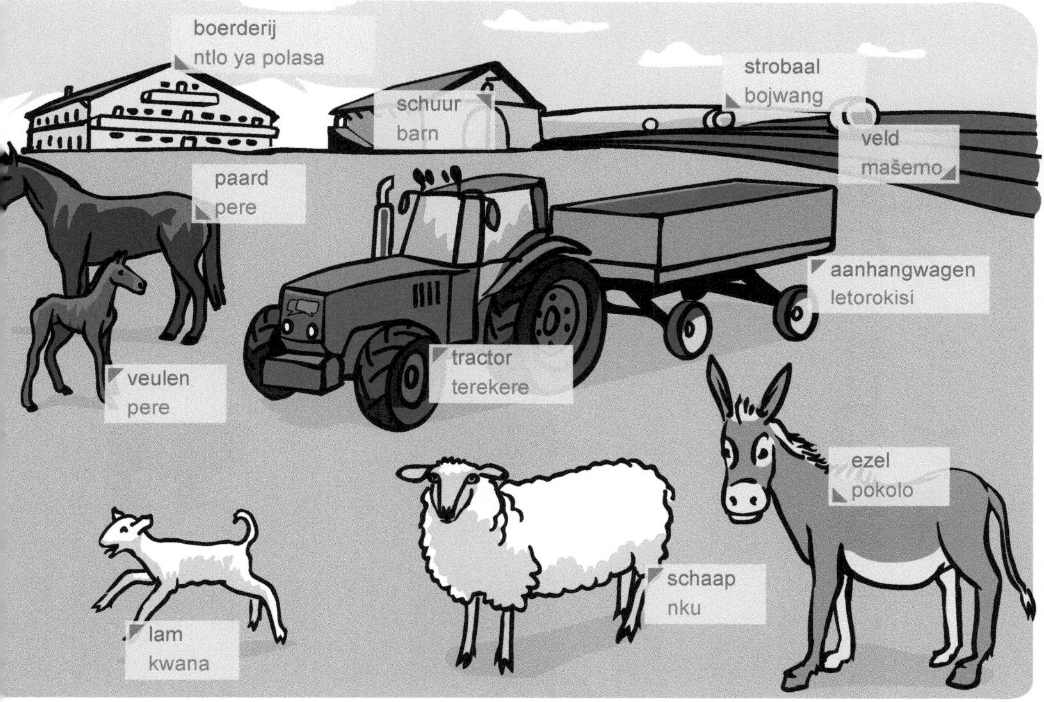

boerderij
ntlo ya polasa
schuur
barn
strobaal
bojwang
veld
mašemo
paard
pere
aanhangwagen
letorokisi
tractor
terekere
veulen
pere
ezel
pokolo
schaap
nku
lam
kwana

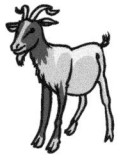

geit

pudi

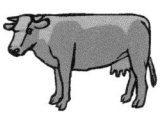

koe

kgomu

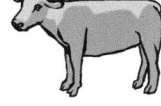

kalf

namane

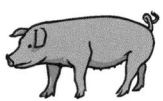

varken

kolobe

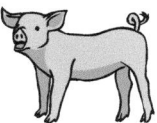

biggetje

kolobjana

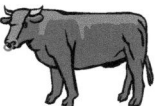

stier

poo

gans
leganse

eend
leganse

kuiken
letswienyane

kip
kgogo

haan
mokoko

rat
legotlo

kat
katse

muis
legotlo

os
pholo

hond
mpšha

hondenhok
ntlwana ya mpšha

tuinslang
lethompo la seratswana

gieter
khene ya meetse

zeis
peke

ploeg
megoma ya terekere

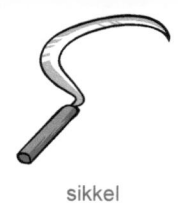

sikkel

sekele

schoffel

mogoma

hooivork

foroko

bijl

selepe

kruiwagen

kiribai

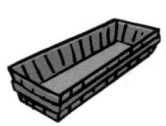

trog

letangwana la meetsi

melkkan

khene ya maswi

zak

lesaka

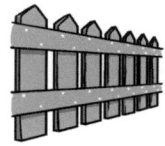

hek

fense

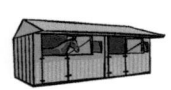

stal

stable

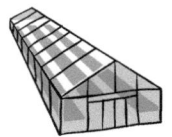

broeikas

ntlwana ya galase ya dihlare

bodem

mobu

zaad

peu

mest

manyora

maaidorser

motšhene wa go buna

oogsten
buna

oogst
buna

yam
tse monate

tarwe
korong

soja
soy

aardappel
letapola

maïs
korong

koolzaad
rapeseed

fruitboom
mohlare wa dikenywa

maniok
cassava

graan
disereale

huis
ntlo

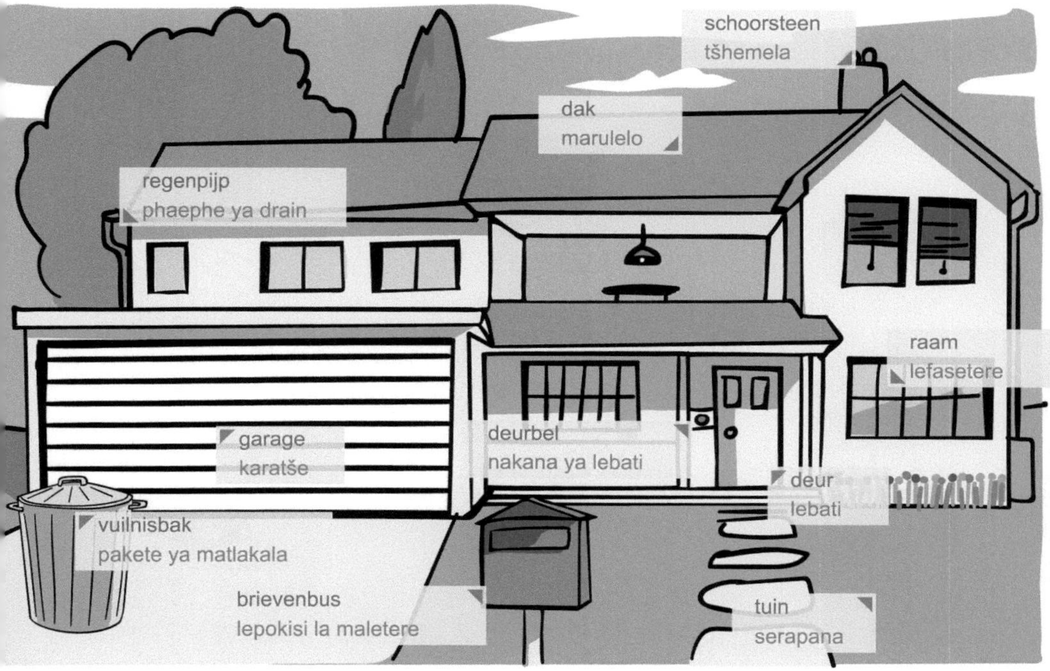

schoorsteen
tšhemela
dak
marulelo
regenpijp
phaephe ya drain
raam
lefasetere
garage
karatše
deurbel
nakana ya lebati
deur
lebati
vuilnisbak
pakete ya matlakala
brievenbus
lepokisi la maletere
tuin
serapana

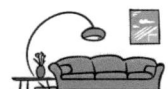

woonkamer

phapoši ya go dula

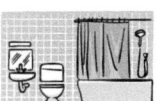

badkamer

kamora ya go hlapela

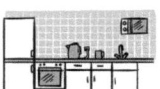

keuken

boapeelo

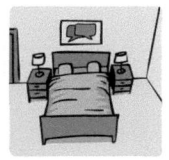

slaapkamer

phapoši ya go robala

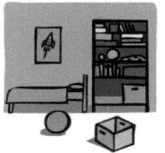

kinderkamer

phapoši ya bana

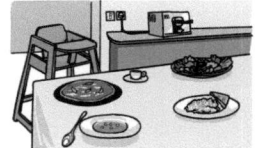

eetkamer

lefelo la boiketlo

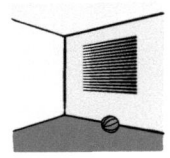

vloer
fase

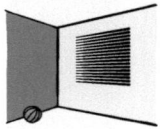

muur
lebota

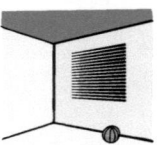

plafond
siling

kelder
cellar

sauna
sauna

balkon
letsikangope

terras
lelapa

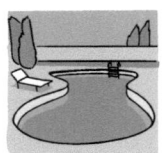

zwembad
letamo la go rutha

grasmaaier
motšhene wa go sega bjang

dekbedovertrek
lešela la go iphomola

dekbed
lešela la mpeto

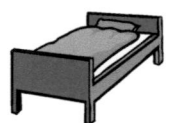

bed
mpeto

bezem
leswielo

emmer
pakete

schakelaar
pholaka

woonkamer

phapoši ya go dula

behangpapier
senepe sa sedirišwa
foto
senepe
lamp
lebone
schap
shelofe
kast
khaboto
televisie
thelebišene
open haard
lefelo la mollo
bloem
letšoba
kussen
kobo
sofa
sofa
vaas
vase
afstandsbediening
remote control

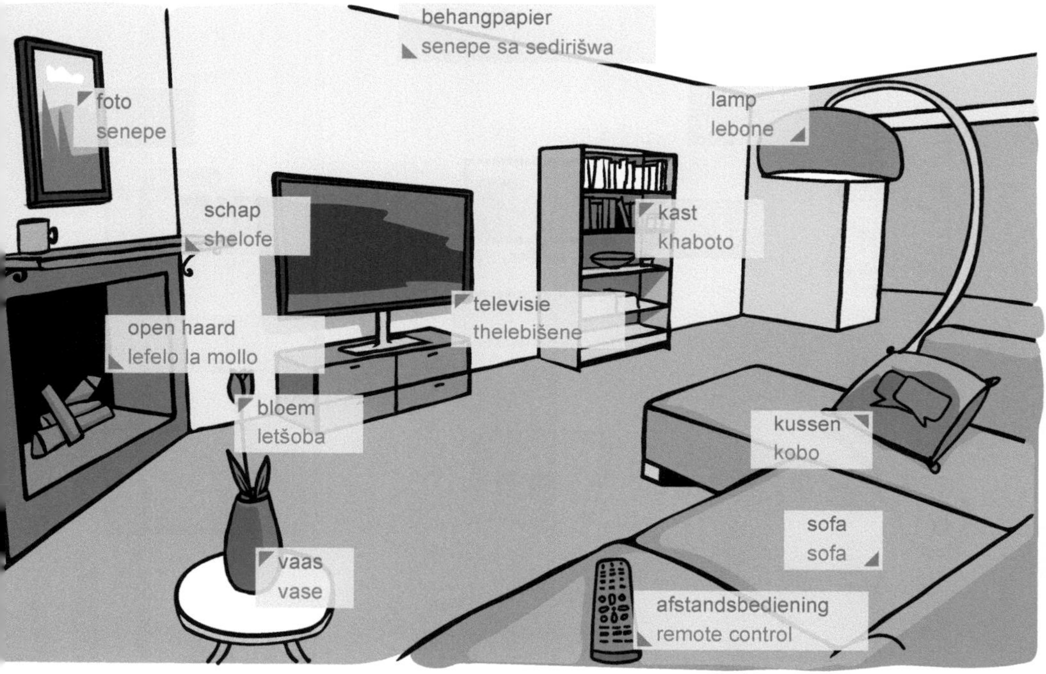

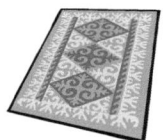

mat

khaphete

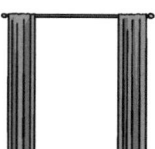

gordijn

garetene

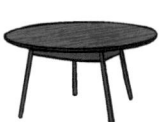

tafel

tafola

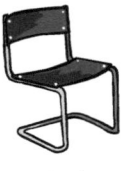

stoel

setulo

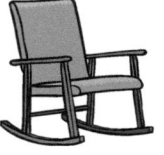

schommelstoel

rocking chair

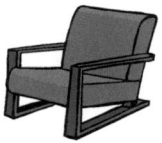

fauteuil

armchair

boek

buka

deken

kobo

decoratie

bokgabišo

brandhout

dikota tša mollo

film

filimi

stereo-installatie

sedirišwa sa hi-fi

sleutel

senotlelo

krant

kuranta

schilderij

go penta

poster

phouseta

radio

radio

notitieboekje

pukwana ya go ngwala

stofzuiger

motšhene wa go hlwekiša

cactus

mohlašana wa cactus

kaars

kerese

keuken
boapeelo

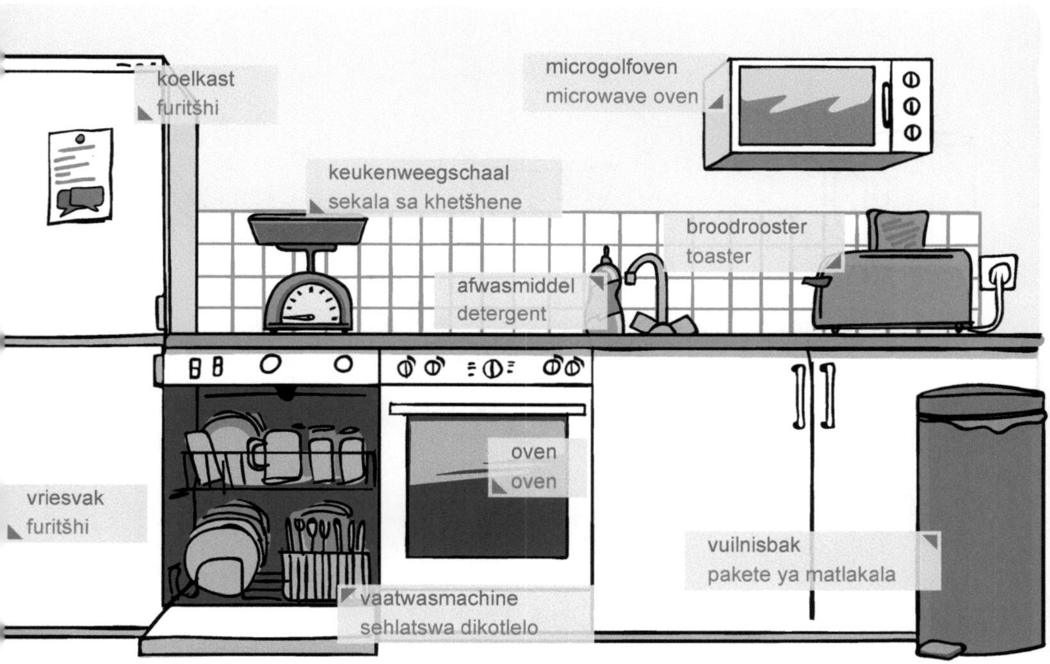
koelkast
furitšhi
microgolfoven
microwave oven
keukenweegschaal
sekala sa khetšhene
broodrooster
toaster
afwasmiddel
detergent
oven
oven
vriesvak
furitšhi
vuilnisbak
pakete ya matlakala
vaatwasmachine
sehlatswa dikotlelo

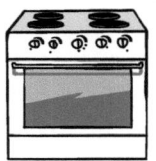

fornuis

moapei

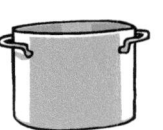

pot

pitša

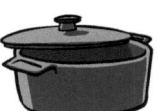

gietijzeren pot

cast-iron pot

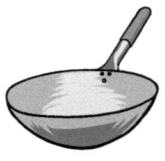

wok / kadai

wok / kadai

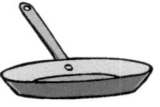

pan

pane

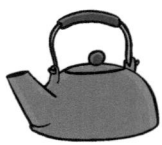

waterkoker

ketlele

stoomkoker
steamer

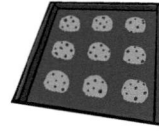

bakplaat
therei ya go paka

servies
dikotlelo

mok
komiki

kom
mogopo

eetstokjes
diphathana tša go ja

pollepel
lelepola la ladle

spatel
spatula

garde
whisk

vergiet
strainer

zeef
sefo

rasp
kereitara

mortier
mortar

barbecue
barbecue

haardvuur
thuntšha

snijplank

boto ya dijo

deegrol

rolling pin

kurkentrekker

sebula lepotlelo

blik

khene

blikopener

sebula khene

pannenlap

seswara dipoto

gootsteen

sinki

borstel

borashe

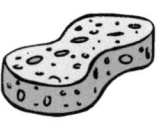

spons

sepontše

blender

sehlakanyi

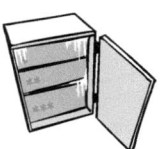

vriezer

freezer

papfles

lepotlelo la ngwana

kraan

pompi

badkamer

kamora ya go hlapela

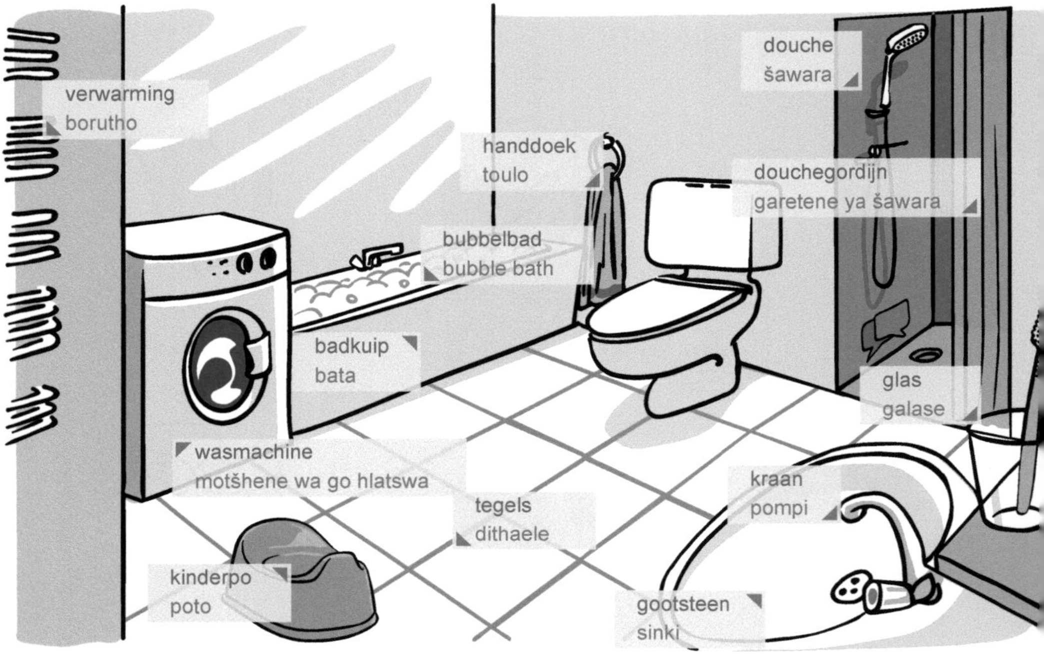

verwarming
borutho
douche
šawara
handdoek
toulo
douchegordijn
garetene ya šawara
bubbelbad
bubble bath
badkuip
bata
glas
galase
wasmachine
motšhene wa go hlatswa
kraan
pompi
tegels
dithaele
kinderpo
poto
gootsteen
sinki

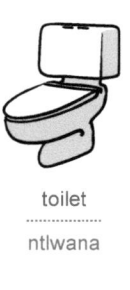

toilet

ntlwana

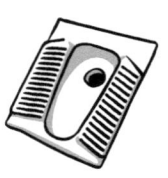

hurktoilet

ntlwana ya ho tshorama

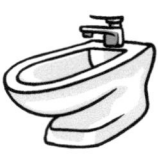

bidet

bidet

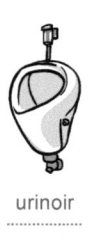

urinoir

moroto

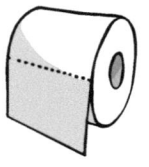

toiletpapier

pampiri ya ntlwana

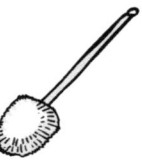

toiletborstel

boraše ya ntlwana

tandenborstel
boraše ya ho hlapa meno

tandpasta
sešepi sa meno

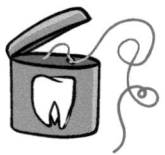

flosdraad
floss ya meno

wassen
hlatswa

handdouche
shawara ya go swarwa ka
matsogo

bidethanddouche
douche

waskom
basin

rugborstel
back brush

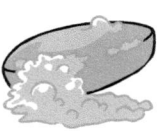

zeep
sešepi

douchegel
sešepi sa ka šawareng

shampoo
shampoo

washandje
folene

afvoer
drain

crème
sa go tlola

deodorant
senkgiša bose

badkamer - kamora ya go hlapela

spiegel

seipone

handspiegel

sepili se senyenyane

scheermes

legare

scheerschuim

shaving foam

aftershave

aftershave

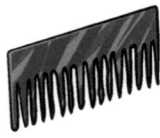

kam

kamo

borstel

boraše

haardroger

derayara ya moriri

haarlak

setlola sa moriri

make-up

makeup

lippenstift

setlola sa molomo

nagellak

varnish ya manala

watten

wulu

nagelknipper

sekero sa dinala

parfum

phefumo

badkamer - kamora ya go hlapela

toilettas

pekana ya tša go hlapa

kruk

setulo

weegschaal

sekala

badjas

toulwana ya go hlapa

latex handschoenen

ditlelafo tša rabara

tampon

tampon

maandverband

toulo ya go phumula matsogo

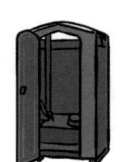

chemisch toilet

ntlwana ya dikhemikhale

kinderkamer

phapoši ya bana

wekker
watšhe ya alamo
knuffel
mpopi
speelgoedauto
koloi ya go bapadiša
rammelaar
rattle ya bana
poppenhuis
ntlo ya mepopi
geschenk
present

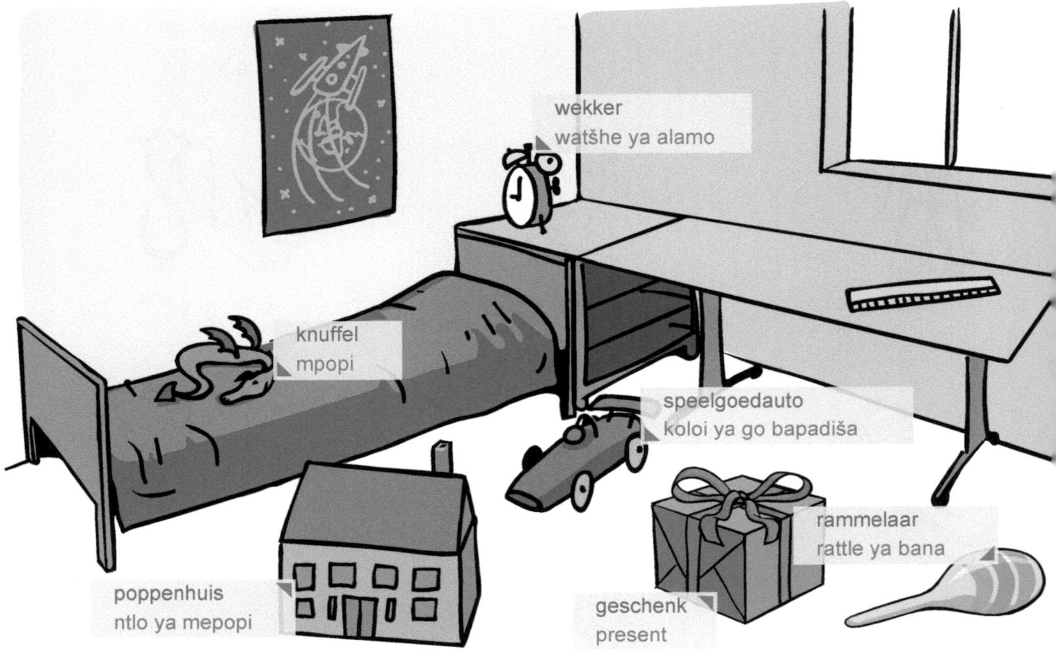

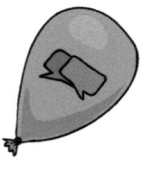

ballon

baluni

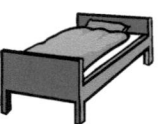

bed

mpeto

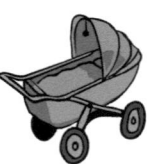

kinderwagen

phorema

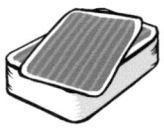

spel kaarten

dikarata

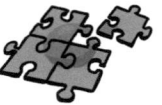

puzzel

papadi ya jigsaw

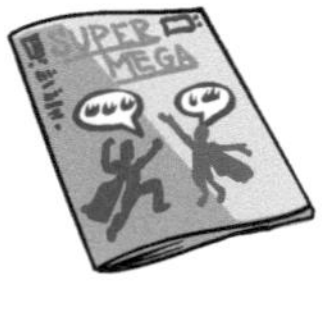

stripboek

metlae

legoblokjes

papadi ya lego bricks

blokken

papadi ya building blocks

actiefiguur

action figure

kruippakje

go gola ga ngwana

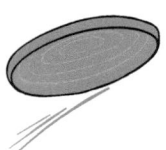

frisbee

papadi ya Frisbee

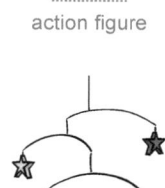

mobiel

mobile

bordspel

papadi ya boto

dobbelsteen

letaese

modelspoorweg

model train set

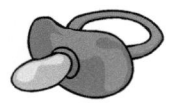

fopspeen

tami

feest

phathi

prentenboek

puku ya dinepe

bal

kgwele

pop

mpopi

spelen

bapala

zandbak

sandpit

schommel

swing

speelgoed

tša go bapadiša

spelconsole

sedirišwa sa dipapadi tša bidio

driewieler

paesekele ya bana

knuffelbeer

teddy bear

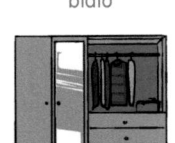

kleerkast

oteropo

kleding

diaparo

sokken

masokisi

kousen

masokisi

maillot

pentihouso

sjaal
sekhafo

riem
lepanta

paraplu
amporela

T-shirt
sekhipha

sneakers
diteki

laarzen
diputsu

slippers
deselephara

sandalen
ramphešane

schoenen
dieta

rubberlaarzen
diputsu tša rabara

onderbroek
borokgwana bja ka fase

beha
seaparo sa bra

onderhemd
besete

kleding - diaparo

lichaam
mmele

broek
marokgo

jeans
pokathe

rok
sekhethe

blouse
seaparo sa blouse

hemd
hempe

trui
jase

capuchontrui
jase

blazer
seaparo sa blazer

jas
baki

jas
jase

regenjas
jase ya pula

kostuum
khosetumo

jurk
roko

trouwjurk
lešira

pak
sutu

nachthemd
seaparo sa go robala

pyjama
dipejama

sari
sari

hoofddoek
sekafo

tulband
turban

boerka
seaparo sa burqa

kaftan
roko ya kaftan

abaya
abaya

badpak
seaparo sa go rutha

zwembroek
diteranka

short
marukgwana a manyenyane

trainingspak
terekesutu

schort
apron

handschoenen
ditlelafo

knoop

konope

bril

digalase

armband

boreiselete

ketting

nekeleise

ring

palamonwana

oorbel

lengena

pet

kepisi

kapstok

hengere ya jase

hoed

kefa

das

thai

rits

zip

helm

helmete

bretellen

braces

schooluniform

diaparo tša sekolo

uniform

unifomo

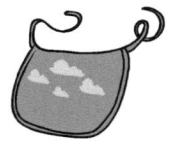

slabbetje

seaparo sa bib

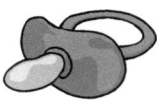

fopspeen

tami

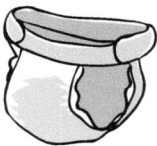

luier

mongato

kantoor

ofisi

server
sebara
dossierkast
lekase la difaele
printer
phrinthara
papier
letlakala
monitor
monitharaw
muis
mouse
bureau
tafola
map
foldara
toestenbord
keybhoto
mand
ete ya matlakala a ditšhila
stoel
setulo
computer
khomphutha

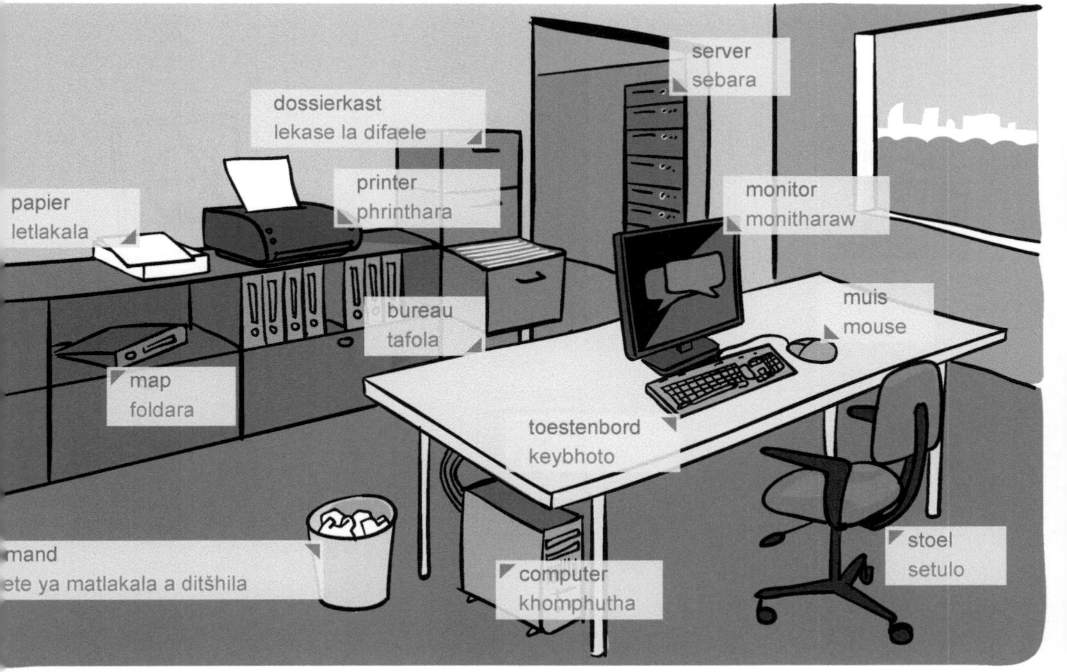

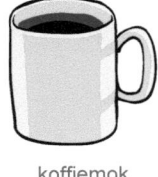

koffiemok

komiki ya kofi

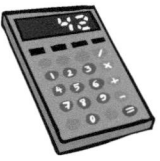

rekenmachine

khalekhuleitha

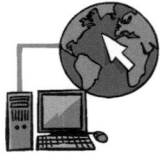

internet

inthanete

laptop

laptop

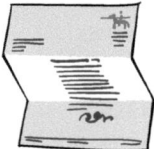

brief

lengwalo

bericht

molaetša

gsm

mogalathekeng

netwerk

netweke

kopieerapparaat

motšhene wa go photokhopa

software

software

telefoon

mogala

stopcontact

pholaka ya sokete

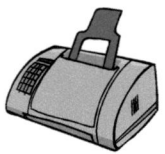

fax

motšhine wa go fekesa

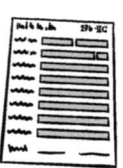

formulier

fomo

document

dipampiri

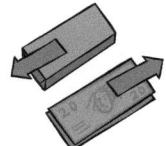

kopen

reka

betalen

lefa

handelen

rekiša

geld

tšhelete

dollar

dollar

euro

euro

yen

yen

roebel

rouble

Zwitserse frank

Swiss franc

Chinese renminbi

renminbi yuan

roepie

rupee

geldautomaat

lefelo la go ntšha tšhelete

wisselkantoor

lefelo la go fetola tšhelete

goud

gauta

zilver

silifera

olie

oil

energie

matla

prijs

poraese

contract

konteraka

belasting

motšhelo

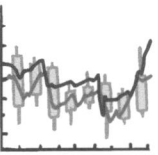

aandeel

setokho

werken

mošomo

werknemer

mošomi

werkgever

mothwadi

fabriek

feketori

winkel

lebenkele la dijo

beroepen
bodulo

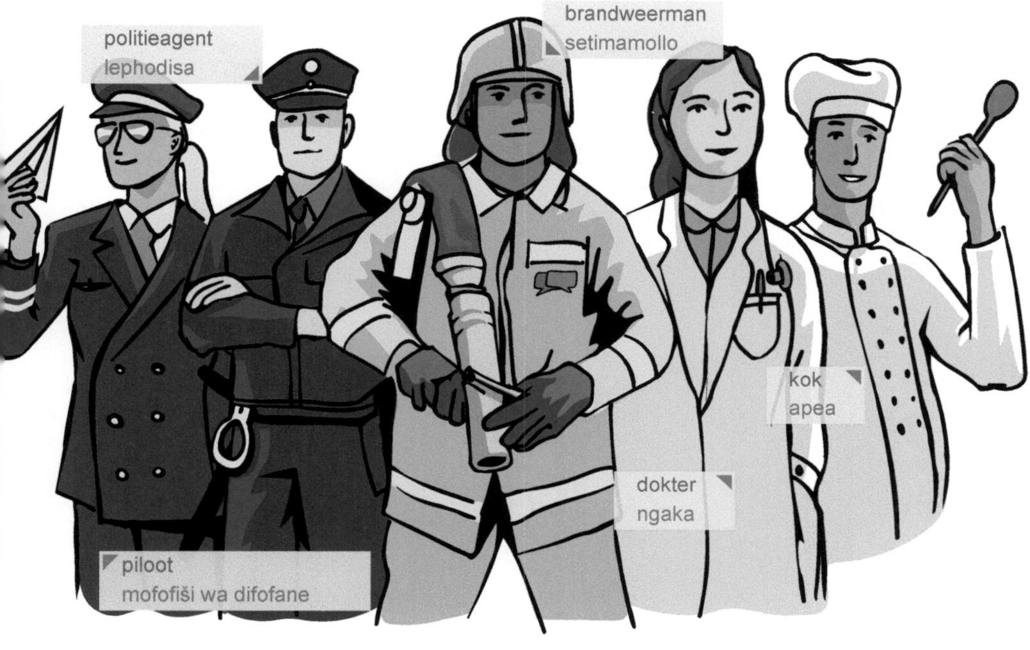
politieagent
lephodisa
brandweerman
setimamollo
kok
apea
dokter
ngaka
piloot
mofofiši wa difofane

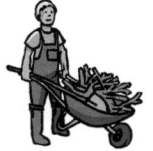

tuinman
mohlokomedi wa dirapana

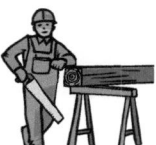

timmerman
mmetli

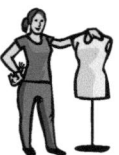

naaister
moroki

rechter
moahlodi

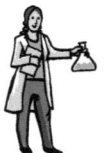

chemicus
khemise

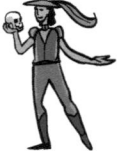

acteur
mmapadi

buschauffeur

mootledi wa pase

taxichauffeur

mootledi wa thekisi

visser

moswara dihlapi

schoonmaakster

mosadi wa go hlwekiša

dakdekker

molokiša marulelo

ober

weithara

jager

motsomi

schilder

motho wa go penta

bakker

mopaki

elektricien

electrician

bouwvakker

moagi

ingenieur

moenjeneare

slager

selaga

loodgieter

polambara

postbode

mosepediši wa poso

soldaat

mohlabani

architect

mothadi wa dintlo

kassier

morekiši

bloemist

molemi wa matšoba

kapper

mologi wa moriri

conducteur

molaodi

mecanicien

mekhenikhe

kapitein

mokapotene

tandarts

ngaka ya meno

wetenschapper

rathutamahlale

rabbijn

moruti

imam

moetapele wa dithapelo

monnik

monk

geestelijke

moruti

werktuigen
didirišwa

hamer
hamola
tang
tang
schroevendraaier
screwdriver
schroefsleutel
sepanere
zaklamp
lebone

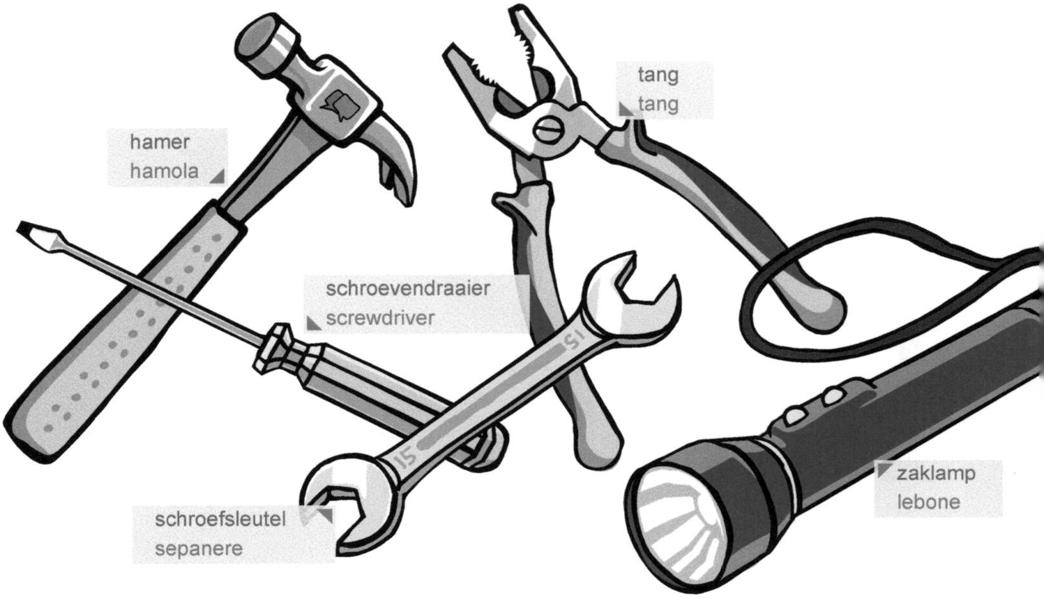

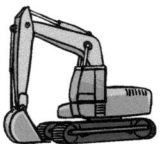

graafmachine

seepi

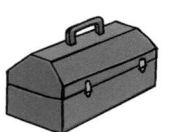

gereedschapskoffer

lepokisi la dithulusi

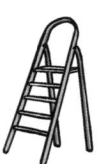

ladder

llere

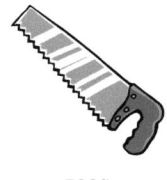

zaag

saga

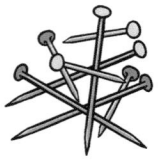

spijkers

dipikiri

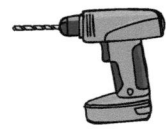

boormachine

sebori

repareren

lokiša

schop

garafo

Verdomme!

ijoo!

blik

seolela matlakala

verfpot

pitša ya pente

schroeven

sekurufu

muziekinstrumenten
didirišwa tša mmino

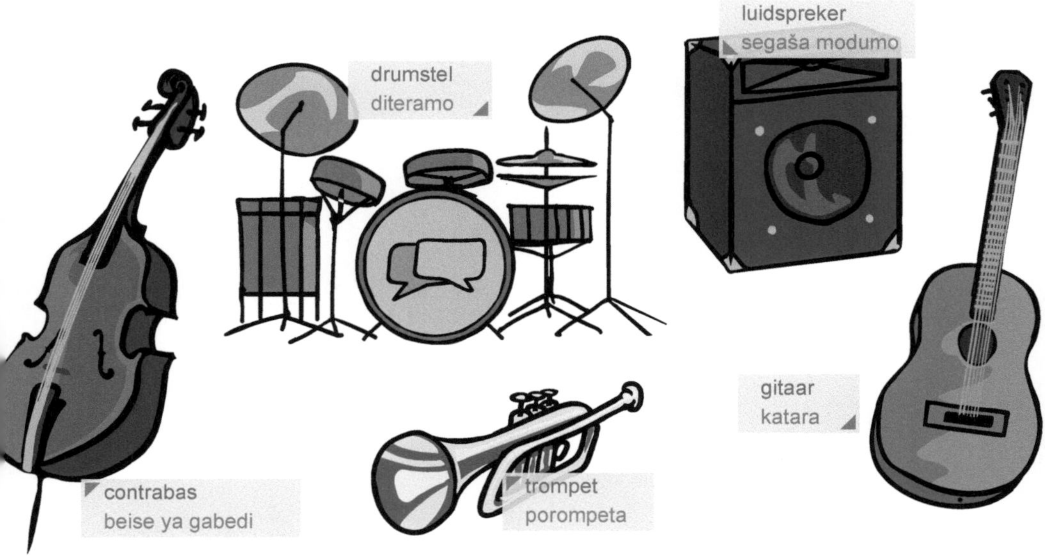

luidspreker
segaša modumo

drumstel
diteramo

gitaar
katara

contrabas
beise ya gabedi

trompet
porompeta

piano

piano

viool

violin

basgitaar

beise

pauk

timpani

trommels

diteramo

keyboard

keybhoto

saxofoon

saxophone

fluit

phala

microfoon

mmaekrofouno

zoo

zuu

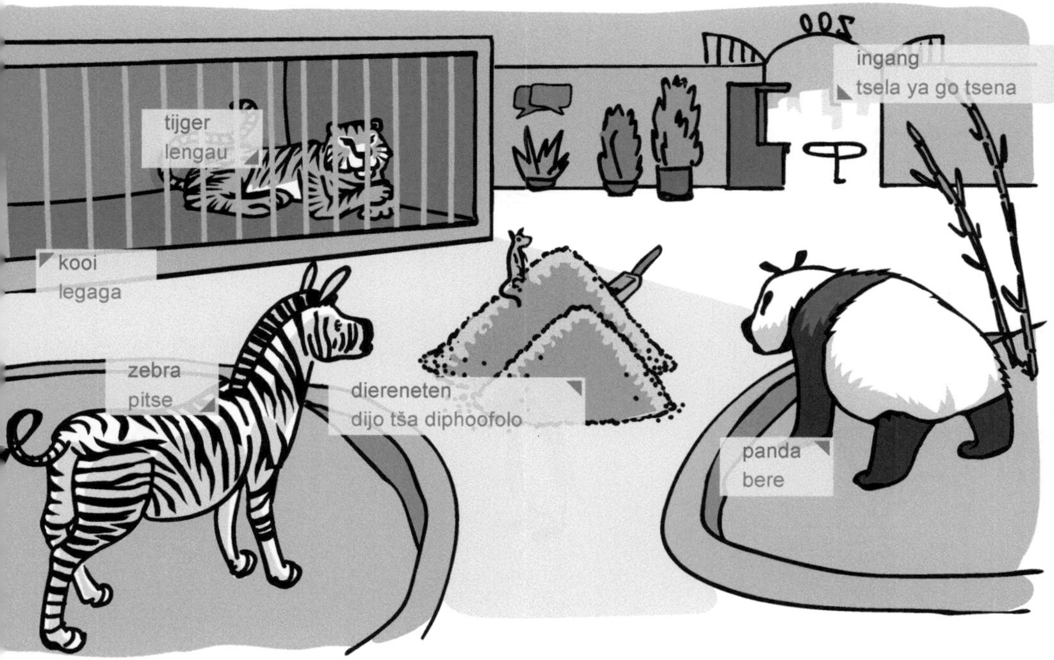

ingang
tsela ya go tsena
tijger
lengau
kooi
legaga
zebra
pitse
diereneten
dijo tša diphoofolo
panda
bere

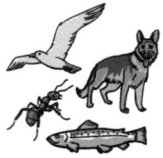

dieren

diphoofolo

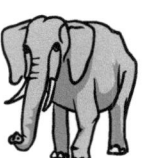

olifant

tlou

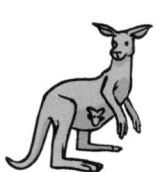

kangoeroe

kangaroo

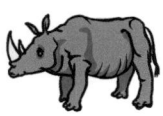

neushoorn

tšhukudu

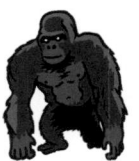

gorilla

gorilla

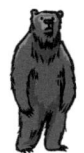

beer

bere

kameel

kamela

struisvogel

mpšhe

leeuw

tau

aap

tšhwene

flamingo

nonyana ya flamingo

papegaai

nonyana ya parrot

ijsbeer

bere ya polar

pinguïn

penguin

haai

shark

pauw

phikoko

slang

noga

krokodil

kwena

dierenverzorger

mohlokomedi wa di zoo

zeehond

sili

jaguar

jaquar

pony
pokolo

luipaard
lepogo

nijlpaard
hippo

giraffe
thutlwa

adelaar
lenong

wild zwijn
kolobe ya naga

vis
hlaphi

zeeschildpad
khudu

walrus
walrus

vos
phiri

gazelle
phuthi

rugby
kgwele ya Amerika

wielrennen
go reila paesekela

tennis
thenese

basketbal
basketball

zwemmen
go rutha

ijshockey
hockey ya lehlweng

boksen
ntwa ya matswele

voetbal

kgwele ya maoto

badminton

badminton

atletiek

bakitimi

handbal

polo ya matsogo

skiën

skiing

polo

polo

activiteiten
mediro

lachen
sega
springen
taboga
knuffelen
gokara
wandelen
sepela
zingen
opela
dromen
lora
bidden
rapela
kussen
atla

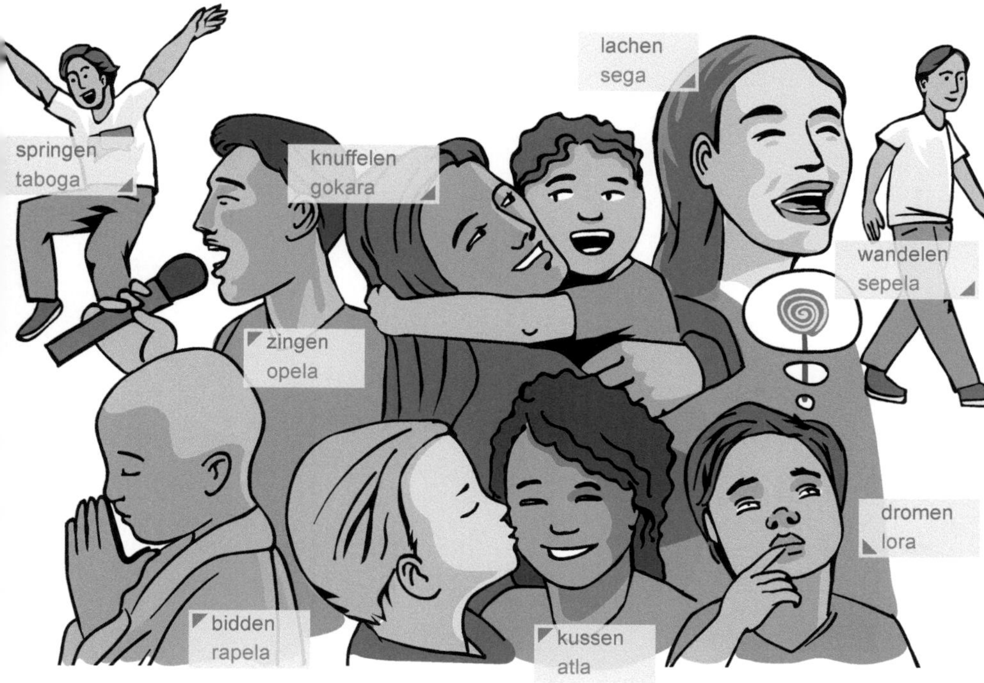

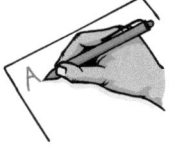

schrijven
ngwala

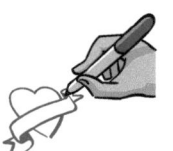

tekenen
thala

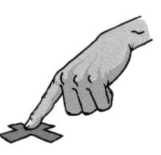

tonen
bontšha

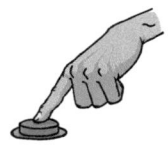

duwen
kgorometša

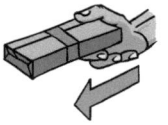

geven
efa

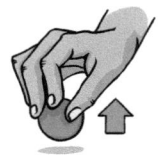

nemen
tšea

hebben

e ba le

doen

dira

zijn

eba

staan

ema

lopen

kitima

trekken

goga

gooien

lahlela

vallen

e wa

liggen

maaka

wachten

emanyana

dragen

rwala

zitten

dula

aankleden

go apara

slapen

robala

ontwaken

tsoga

kijken naar

lebelela

wenen

lla

aaien

seterouko

kammen

kamo

praten

bolela

begrijpen

kwešiša

vragen

botšiša

luisteren

theetša

drinken

e nwa

eten

eja

opruimen

hlwekiša

houden van

lerato

koken

apea

rijden

otlela

vliegen

fofa

zeilen

sesa

rekenen

khalekhuleitha

Lezen

bala

leren

ithute

werken

mošomo

trouwen

nyala

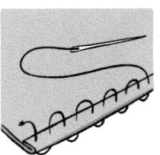

naaien

roka

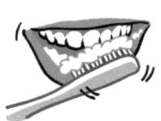

tandenpoetsen

hlapa meno

doden

bolaya

roken

kgoga

sturen

romela

grootmoeder
makgolo

grootvader
rakgolo

vader
tate

moeder
mma

baby
ngwana

dochter
morwedi

zoon
morwa

gast

moeng

tante

rakgadi

oom

malome

broer

abuti

zus

sesi

lichaam
mmele

voorhoofd
phatla
oog
leihlo
schouder
magetla
vinger
monwana
gezicht
sefahlego
kin
seledu
hand
seatla
been
leoto
borst
letswele
arm
letsogo

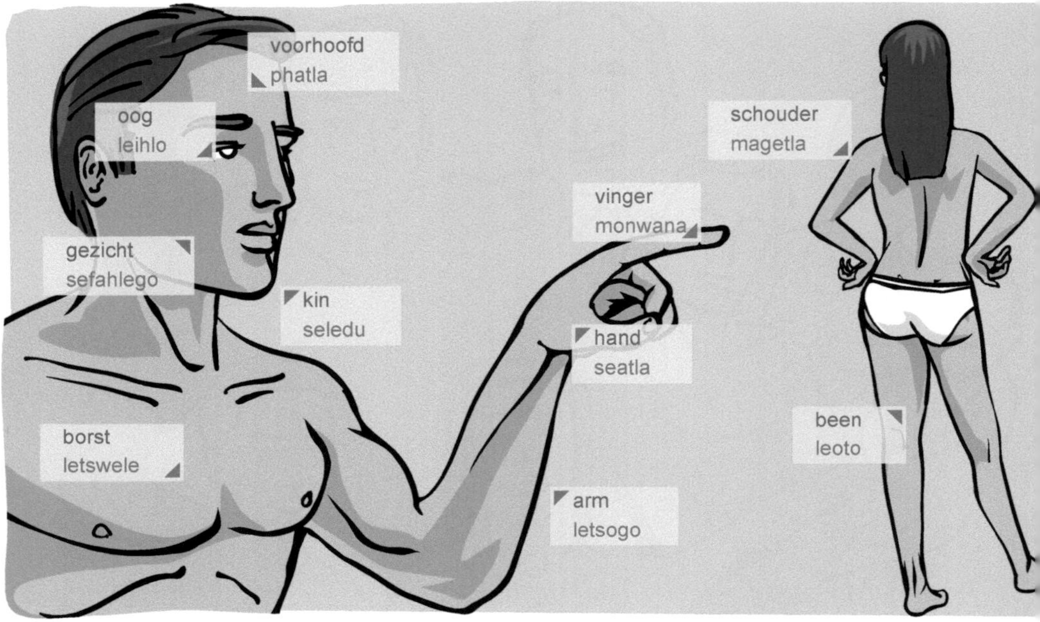

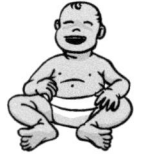

baby
ngwana

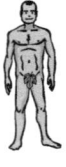

man
monna

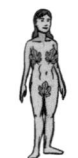

vrouw
mosadi

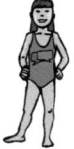

meisje
kgarebe

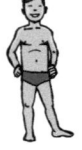

jongen
mošemane

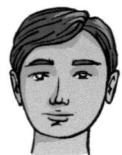

hoofd
hlogo

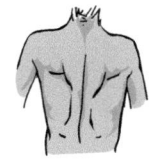

rug
morago

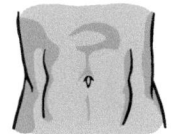

buik
mokhaba

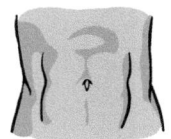

navel
mokhubu

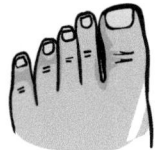

teen
monwana

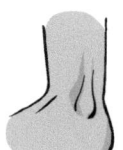

hiel
tlhako

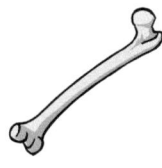

bot
lerapo

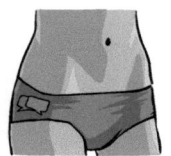

heup
matheka

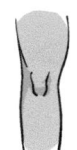

knie
leoto

elleboog
khuru

neus
nko

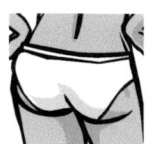

zitvlak
tlase

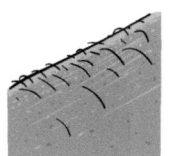

huid
letlalo

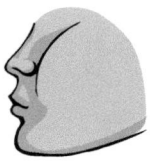

wang
lerama

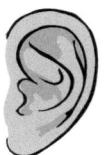

oor
tsebe

lip
molomo

mond
molomo

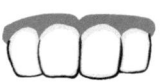

tand
leino

tong
Leleme

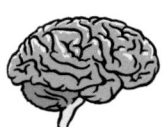

hersenen
bjoko

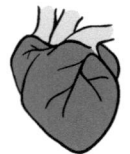

hart
pelo

spier
segoba

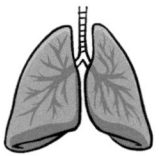

long
maswafo

lever
sebete

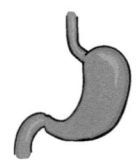

maag
mala

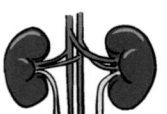

nieren
diphsio

seks
thobalano

condoom
condom

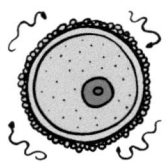

eicel
Ovum

sperma
matshedi

zwangerschap
go ima

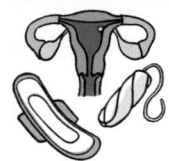

menstruatie

go bona kgwedi

vagina

setho sa bosadi

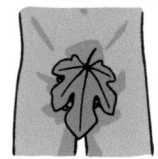

penis

setho sa bonna

wenkbrauw

dintši

haar

moriri

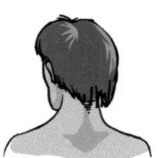

nek

molala

ziekenhuis
sepetlele

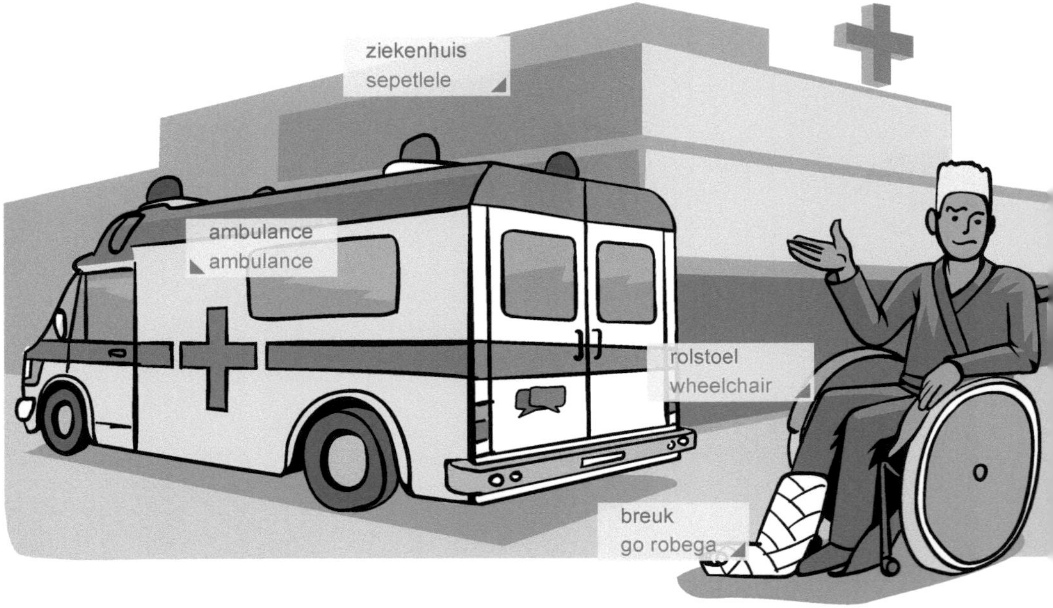

ziekenhuis
sepetlele
ambulance
ambulance
rolstoel
wheelchair
breuk
go robega

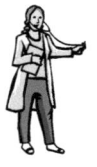

dokter

ngaka

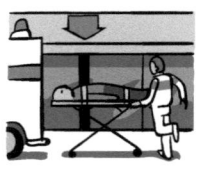

spoed

phapoši ya tša tšhoganetšo

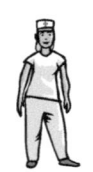

verpleegkundige

mooki

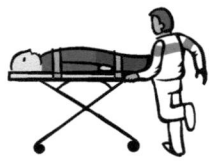

noodgeval

tšhoganetšo

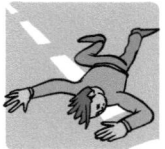

bewusteloos

go idibala

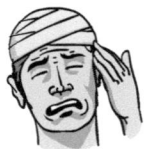

pijn

bohloko

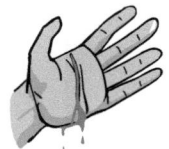

verwonding

go gobala

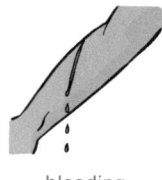

bloeding

go tšwa madi

hartaanval

bolwetši bja pelo

beroerte

setorouko

allergie

ge mmele o ganana le dijo

hoest

go gohlola

koorts

go gohlola

griep

sehuba

diarree

letšhollo

hoofdpijn

go opa ke hlogo

kanker

kankere

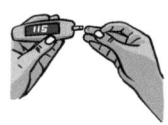

diabetes

swikiri

chirurg

mmui

scalpel

thipa ya scalpel

operatie

go bulwa

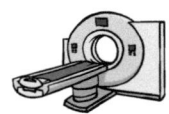

CT

CT

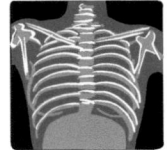

röntgenstraal

x-ray

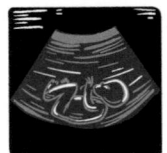

ultrageluid

ultrasound

gezichtsmasker

sethiba sefahlego

ziekte

bolwetši

wachtkamer

phapoši ya go leta

kruk

lehlotlo

pleister

sedirišwa sa plaster

verband

lešela la ntho

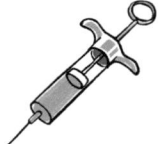

injectie

nalete

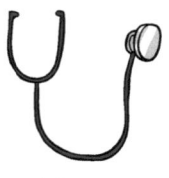

stethoscoop

sthehosekoupo

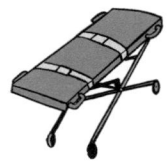

brancard

seteretšhara

thermometer

themoketha ya kgathelelo

geboorte

go belebga

overgewicht

mmele o mogolo

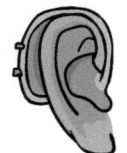

hoorapparaat

sethuša ditsebe

ontsmettingsmiddel

disinfectant

infectie

twatši

virus

baerase

HIV / AIDS

HIV / AIDS

medicijn

dihlare

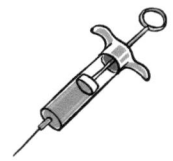

vaccinatie

tlhabelo ya go thibela malwetši

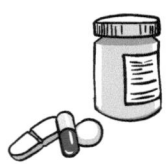

tabletten

dipilisi

pil

pilisi

noodoproep

nogala wa tšhoganetšo

bloeddrukmeter

sehlahlobi sa pelo

ziek / gezond

go babja / phetše gabotse

Help! Thušo!	 alarm alamo	 overval go tšhošetšwa
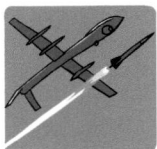 aanval tlhaselo	 gevaar kotsi	 nooduitgang go tšwa ka tšhoganetšo
 Brand! Mollo!	 brandblusser setimamollo	 ongeval kotsi
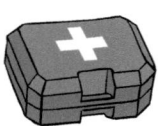 EHBO-kit first-aid kit	 SOS SOS	 politie maphodisa

Europa

Yuropa

Noord-Amerika

Amerika Bodikela

Zuid-Amerika

Amerika Borwa

Afrika

Afrika

Azië

Asia

Australië

Australia

Atlantische Oceaan

Atlantic

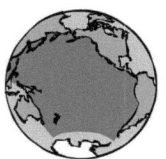

Stille Oceaan

Pacific

Indische Oceaan

Lewatle la India

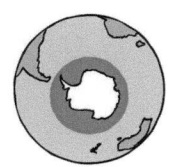

Antarctische Oceaan

Lewatle la Antarctic

Arctische Oceaan

Lewatle la Arctic

Noordpool

North Pole

Zuidpool

South Pole

Antarctica

Antarctica

aarde

Lefase

land

naga

zee

noka

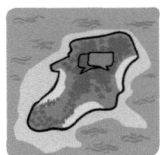

eiland

island

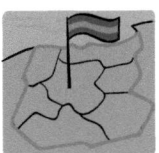

natie

naga

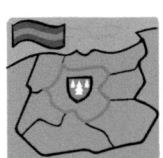

staat

state

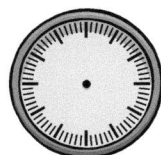

wijzerplaat

ešupanako sa dinomoro

uurwijzer

diiri tša sešupanako

minuutwijzer

metsotso ya sešupanako

secondewijzer

metsotswana ya
sešupanako

Hoe laat is het?

Ke nako mang?

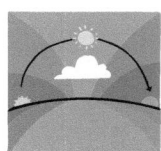

dag

letšatši

tijd

nako

nu

gona bjale

digitale horloge

sešupanako sa dinomoro

minuut

metsotso

uur

iri

week
beke

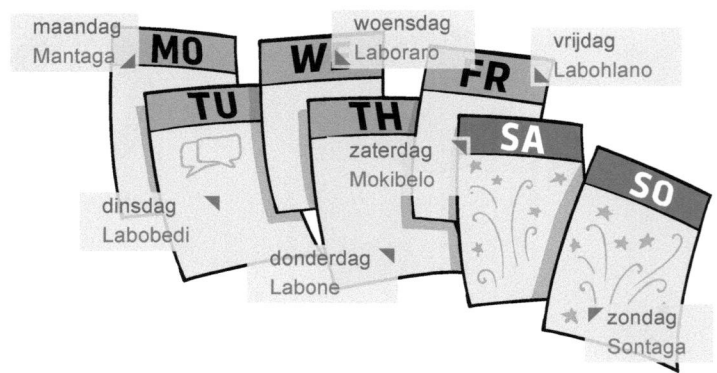

maandag — Mantaga
dinsdag — Labobedi
woensdag — Laboraro
donderdag — Labone
vrijdag — Labohlano
zaterdag — Mokibelo
zondag — Sontaga

gisteren

maobane

vandaag

lehono

morgen

ka moswana

ochtend

mesong

middag

Thapama

avond

mantšiboa

werkdagen

matšatši a kgwebo

weekend

mafelobeke

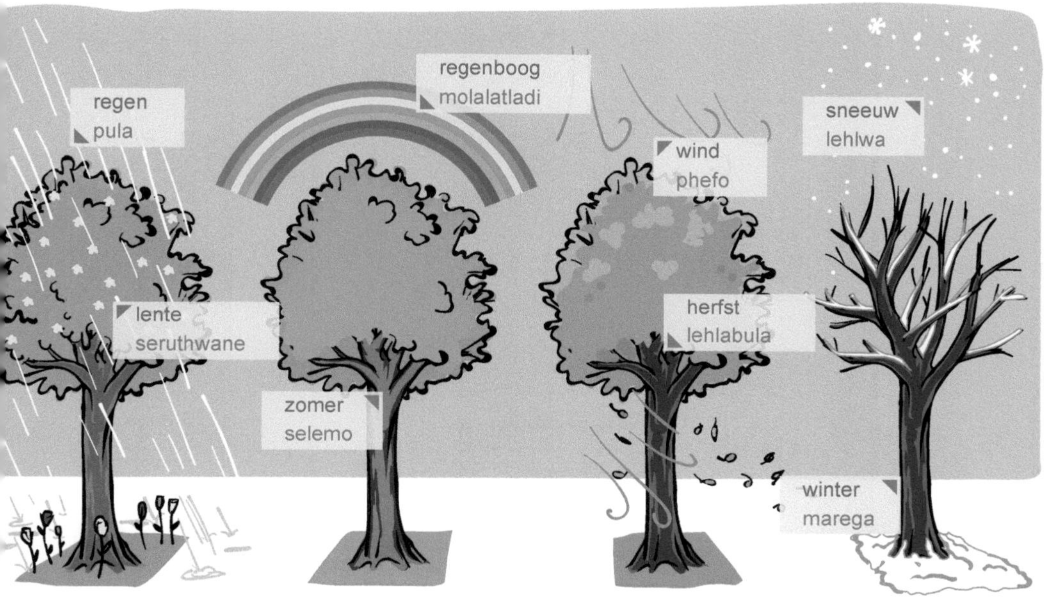

regen
pula
regenboog
molalatladi
wind
phefo
sneeuw
lehlwa
lente
seruthwane
herfst
lehlabula
zomer
selemo
winter
marega

4.APRIL 11°
5.APRIL 4°
6.APRIL 13°
7.APRIL 8°
8.APRIL 10°

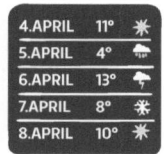

weervoorspelling

tsebišo ya leratadima

F C
120 40
90 30
60 20
30 10
0 0
-30 -10
-20

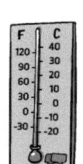

thermometer

thermometer

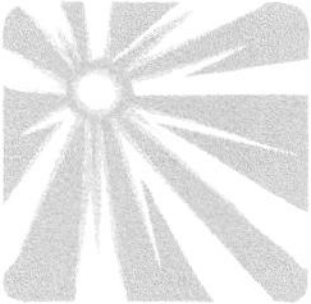

zonneschijn

mahlasedi a letšatši

wolk

maru

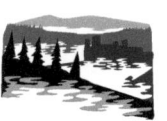

mist

kgudi

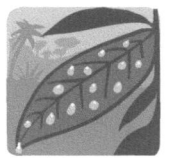

vochtigheid

go koloba

bliksem

legadima

donder

legadima

storm

ledimo

hagel

sefako

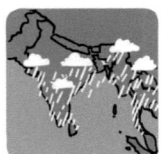

moesson

ledimo

overstroming

lefula

ijs

lehlwa

januari

January

februari

February

maart

March

april

April

mei

May

juni

June

juli

July

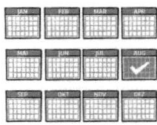

augustus

August

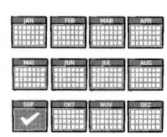

september
·····················
September

oktober
·····················
October

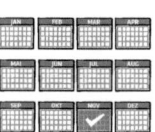

november
·····················
November

december
·····················
December

vormen
dibopego

cirkel
·····················
nthokolo

kwadraat
·····················
sekwere

rechthoek
·····················
rectangle

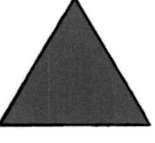

driehoek
·····················
theraekele

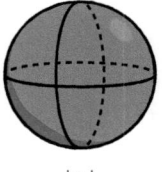

bol
·····················
nthokolo

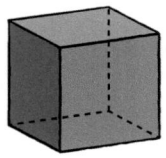

kubus
·····················
cube

wit

tshweu

geel

kheri

oranje

namone

roze

pinki

rood

khubedu

paars

phepholo

blauw

pududu

groen

tala

bruin

tshehla

grijs

kerei

zwart

bontsho

veel / weinig

še dintši / tše dinyenyane

boos / kalm

befetšwe / theotše maswafo

mooi / lelijk

botse / befile

begin / einde

mathomo / mafelelo

groot / klein

kgolo / nyenyane

licht / donker

seetša / leswiswi

broer / zus

abuti / sesi

proper / vuil

hlwekile / ditšhila

volledig / onvolledig

feletše / ga se e felele

dag / nacht

mosegare / bošego

dood / levend

hwile / o sa phela

breed / smal

go bulega / go tswalelega

eetbaar / oneetbaar

e a jega / ga e jege

kwaadaardig / vriendelijk

bobe / go loka

opgewonden / verveeld

mahlahlo / go tšwafa

dik / dun

bokoto / bosese

eerst / laatst

mathomo / mafelelo

vriend / vijand

mogwera / lenaba

vol / leeg

e tletše / ga e na selo

hard / zacht

tiile / e bonolo

zwaar / licht

ya roba / e bobebo

honger / dorst

tlala / mokhoro

ziek / gezond

go babja / phetše gabotse

illegaal / legaal

ga e molaong / e molaong

intelligent / dom

bohlale / lešilo

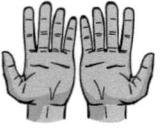

links / rechts

le letshadi / le letona

dichtbij / veraf

kgaufsi / kgole

nieuw / gebruikt

mapsha / e dirišitšwe

niets / iets

selo / se sengwe

oud / jong

motšofadi / mofsa

aan / uit

laeta / tima

open / dicht

bula / tswalela

stil / luid

homola / rasa

rijk / arm

go huma / go diila

juist / fout

e lokilego / e sa lokago

ruw / glad

makgwakgwa / go thelela

droevig / blij

go nyama / go thaba

kort / lang

mokopana / motelele

traag / snel

go nanya / go kitima

nat / droog

go koloba / go oma

warm / koud

borutho / go tonya

oorlog / vrede

ntwa / khutšo

0

nul

nnoto

1

één

tee

2

twee

pedi

3

drie

tharo

4

vier

nne

5

vijf

tlhano

6

zes

tshela

7

zeven

šupa

8

acht

seswai

9

negen

senyane

10

tien

lesome

11

elf

lesome tee

12

twaalf

lesome pedi

13

dertien

lesome tharo

14

veertien

lesome nne

15

vijftien

lesome tlhano

16

zestien

lesome tshela

17

zeventien

lesome šupa

18

achtien

lesome seswai

19

negentien

lesome senyane

20

twintig

masomepedi

100

honderd

lekgolo

1.000

duizend

sekete

1.000.000

miljoen

milione

Talen
maleme

Engels

Seisemane

Amerikaans Engels

Seisemane sa Amerika

Chinees (Mandarijn)

Sechina sa Mandarin

Hindi

Sehindi

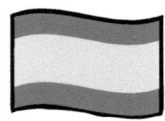

Spaans

Spanish

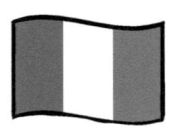

Frans

Sefora

Arabisch

Searabic

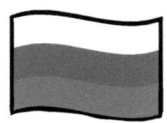

Russisch

Serašia

Portugees

Sepotokisi

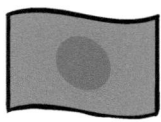

Bengali

Sebengali

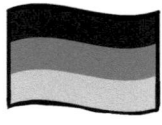

Duits

Sejeremane

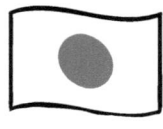

Japans

Sefapane

ik

Nna

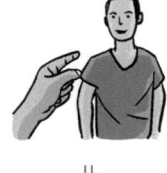

u

wena

hij / zij / het

yena / yona

wij

rena

u

wena

ze

bona

wie?

bomang?

wat?

eng?

hoe?

bjang?

waar?

mo kae?

wanneer?

neng?

naam

leina

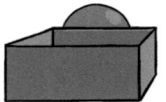

achter

ka morago

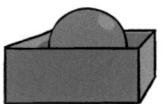

in

go

voor

kgaufsi le

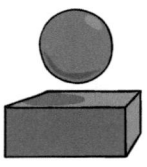

boven

godimo ga

op

go

onder

ka tlase ga

naast

ka lehlakoreng la

tussen

magareng ga

plaats

lefelo